DES RELIGIONS DANS L'HISTOIRE

Collection dirigée par Philippe Godard

Comité scientifique d'historiens : Dominique Borne, inspecteur général de l'Éducation nationale ; Jean Chélini, professeur des Universités et président du conseil scientifique de l'Institut de droit et d'histoire religieuse d'Aix-en-Provence ; Joël Cornette, professeur à l'université Paris-VIII- Vincennes-Saint-Denis ; Claude Mossé, professeur émérite de l'université Paris-VIII.

Direction artistique : Kamy Pakdel, studio Autrement
Cartographie : Isabelle Lewis
Carte du monde illustrée : Sophie Duffet
Conception : Philippe Godard et Sandrine Mini

DES RELIGIONS DANS L'HISTOIRE

Bouddhisme, judaïsme,
christianisme, islam, vodou…

par Astrid Desbordes
relecture scientifique par Jean Baubérot

Autrement Junior Histoire veut aider les jeunes lecteurs à réfléchir au sens de l'Histoire à partir d'une période précise ou d'un grand thème transversal. Chaque volume, ponctué de cartes et d'images d'époque, met en scène quelques moments forts et pertinents grâce à des récits qui ouvrent à une véritable analyse et compréhension des événements.

INTRODUCTION

Le philosophe Bergson disait que l'homme ne peut pas vivre sans être "relié". Par la religion – un mot issu du latin *religare*, "relier" –, l'homme relie le visible à l'invisible. Il lie son existence humaine et le monde qui l'entoure à une force supérieure, qui le dépasse et l'habite tout à la fois. Mais la religion ne crée pas seulement un lien vertical entre l'homme et le divin, elle le relie aussi aux autres.

Aux multiples questions que pose l'existence : d'où venons-nous ? pourquoi sommes-nous sur la Terre ? et après la mort ?, chaque civilisation a donné une réponse d'ordre religieux.
Certains croient en un dieu unique, d'autres honorent de multiples divinités. Judaïsme, hindouisme, bouddhisme, christianisme, islam, pensée confucéenne, vodou haïtien ou chamanisme : chaque système de croyances a créé, au fil des siècles, ses gestes propres, des chants, des règles, des mythes, une communauté...
Car chaque religion est aussi le fruit d'une histoire. C'est un héritage que l'homme reçoit, modèle, et dont il fait, tour à tour, un outil de paix et de respect, ou au contraire une épée pour combattre.

SOMMAIRE

 p. 10

 p. 16

p. 10
L'hindouisme,
une façon de vivre

En Inde, la religion dominante, l'hindouisme, n'est pas centrée autour d'un seul dieu. Il existe de multiples divinités, aux noms et aux aspects différents, qui s'intègrent dans un ordre cosmique à l'intérieur duquel chaque hindou a aussi sa place.

p. 16
Le bouddhisme, la voie de l'Éveil

Au VIᵉ siècle avant notre ère, en Inde, un prince, Siddharta Gautama, s'élève contre la rigueur des tout-puissants brahmanes et propose une voie nouvelle, accessible à tous, pour parvenir à la délivrance.

p. 22
Confucius, un révolutionnaire conservateur

Au VIᵉ siècle avant notre ère, l'enseignement d'un homme, Kongfuzi, fondé sur le respect des aînés et de la tradition, influence la civilisation chinoise.

p. 26
Le peuple juif et la terre d'Israël

Sur l'ordre de son Dieu, Abraham quitte la Mésopotamie pour le pays de Canaan. Cette alliance, scellée par Moïse, fonde la première grande religion monothéiste : le judaïsme.

p. 32
Jésus, un agitateur parmi les juifs
Au I⁰ siècle de notre ère, un juif de Palestine, Jésus de Nazareth, délivre un message nouveau, qui séduit rapidement les foules, mais inquiète les autorités juives.

p. 38
Le message de l'islam
Au VII⁰ siècle, en Arabie Saoudite, Mahomet reçoit une révélation. Il se sent choisi par Dieu – Allah – pour être le messager d'une nouvelle religion : l'islam.

p. 50
Le vodou haïtien, mémoire d'une lutte
Au XVIII⁰ siècle, les Français, qui ont besoin de main-d'œuvre pour exploiter la colonie de Saint-Domingue, déportent des Noirs d'Afrique. Pour survivre, les esclaves développent des croyances inspirées de leur culture africaine et des pratiques catholiques des colons : le vodou.

p. 26   p. 38

p. 44
Le chamanisme inuit, une croyance bafouée
En Alaska, dans l'Arctique canadien et au Groenland, le peuple inuit, longtemps méconnu des Occidentaux, avait mis en place un système de croyances articulé autour de la nature. Au XVIII⁰ siècle, les missionnaires chrétiens qui arrivent dans la région vont s'efforcer de le détruire.

p. 56
De la tolérance religieuse à la laïcité
Aujourd'hui, en France, l'État et la religion sont deux domaines totalement séparés, et chacun est libre de pratiquer une religion. Pourtant, ce respect de toutes les confessions n'a pas toujours existé…

p. 62
Conclusion

L'HINDOUISME,
UNE FAÇON DE VIVRE

À Bénarès, en Inde, dès le lever du soleil, une foule se presse sur les *ghats*, les gradins de pierre qui bordent le Gange. Un homme s'enfonce dans l'eau trouble, il en recueille un peu au creux de ses mains, puis lève celles-ci en direction du soleil. À ses côtés, des femmes répandent des fleurs sur le fleuve. Plus loin, un brahmane, un prêtre, lit des textes sacrés et guide le bain des fidèles venus remercier "leur mère Gangâ", la divinité du Gange. Pour les hindous – ceux qui suivent la religion majoritaire en Inde –, cette divinité est tombée de la tête du dieu Shiva afin de donner vie à la terre. Le bain dans les eaux sacrées du Gange est un acte de purification : on se baigne pour laver son corps et son esprit. C'est aussi une rencontre avec la divinité présente dans la nature et l'univers entier.

La *trimurti*

La religion hindoue trouve ses origines dans la religion du peuple Arya, qui envahit le nord de l'Inde aux IIe et Ier millénaires avant notre ère. L'alliance de leurs croyances – le védisme – avec les traditions religieuses qui existaient dans la région donna naissance à une religion nouvelle fondée sur des textes sacrés, le Veda, rédigés du Xe au IVe siècle avant notre ère.

Mais c'est plus tard, au IIIe siècle avant notre ère, que l'hindouisme moderne est véritablement constitué. Délaissant certains rites et les multiples dieux du védisme, l'hindouisme évolue vers la croyance en un élément suprême, infini et invisible : le *brahman*, l'Absolu.

Le *brahman* se manifeste à travers la *trimurti*, divinité qui revêt une forme triple : Brahmâ est le créateur de l'univers ; Shiva est à la fois le créateur et le destructeur ; Vishnou maintient l'ordre du monde.

Le culte de Shiva et de Vishnou peut prendre différents aspects. On peut adorer le fils de Shiva – Ganesh, le dieu à tête d'éléphant – ou ses formes féminines : Parvati ou Kali. On honore aussi les *avatara* de Vishnou, ses manifestations terrestres, ses "descentes" sur la Terre. En effet, Vishnou se serait incarné dix fois, chaque fois que l'ordre du monde était menacé.

Cette miniature de 1710 représente Krishna – en sanscrit : "le Noir" – le héros légendaire du *Bhâgavata-purâna*. Avatar de Vishnou, Krishna, symbole de l'amour et de la jeunesse, est un bouvier, un gardien de bœufs, qui charme les jeunes bergères en jouant de la flûte.

Parmi ses *avatara* figurent Rama, le héros du *Ramayana*, une célèbre épopée indienne, ou Krishna, symbole de jeunesse. Ces divinités peuvent être adorées dans un temple, mais aussi à la maison. Beaucoup d'hindous possèdent chez eux leur propre autel, où ils accomplissent le rite quotidien de la prière, la *puja*. Chaque matin, plusieurs rituels honorent l'image ou la statue de la divinité : on l'"éveille", on l'habille, on la pare de fleurs, on lui offre de la nourriture, du lait.

L'ordre du monde

Partout en Inde, les rites expriment la présence des dieux et de la religion. Mais ces pratiques sont bien plus qu'un ensemble de gestes : elles reposent sur une conception de l'ordre du monde, le *dharma*, un équilibre à l'intérieur duquel chacun a une place définie et des devoirs à observer.
Pour les hindous, l'univers et la vie humaine sont organisés sous forme de cycles. La divinité Brahmâ déploie l'univers ou, au contraire, l'aspire, créant une succession de périodes au cours desquelles l'univers apparaît, puis cède la place à une période de repos cosmique.
La vie humaine est, elle aussi, organisée sous forme de cycles. L'âme de chacun s'inscrit dans un cycle infini de renaissances, ou "transmigrations", le *samsara*, par lequel chacun est appelé à renaître après la mort. L'existence humaine n'est qu'une transition vers une autre vie, humaine ou non. La nouvelle vie de chaque individu n'est pas laissée au hasard ; elle dépend des actes accomplis dans les existences antérieures, s'ils ont été désintéressés et généreux ou, à l'inverse, s'ils visaient à un intérêt personnel. Les actes accomplis, appelés *karma* – ce qui signifie en sanscrit "œuvre" –, déterminent la future naissance de chaque être humain. Meilleur est le *karma* – c'est-à-dire conforme à l'ordre éternel, au *dharma* –, plus favorable sera la renaissance.

Les *varna*

Les textes sacrés du Veda ont classé les êtres humains selon une hiérarchie de pureté qui reproduit l'ordre cosmique et s'organise en *varna* – mot signifiant "couleur" en sanscrit. Dans la tradition, chacune des *varna* correspond à une partie du corps du Purusa, l'Homme cosmique. Les brahmanes – les prêtres et les lettrés –, qui constituent la *varna* supérieure, sortent de la bouche du Purusa ; viennent ensuite les *kshatriya* – les princes et les nobles –, qui sortent de ses bras, puis les *vaishya* – les agriculteurs, les éleveurs et les marchands –, qui sont issus de ses cuisses ; enfin, les *shudra* – les serviteurs – sortent des pieds du Purusa. Il existe un dernier groupe d'individus qui n'appartient à aucune *varna* : les *dalit*, longtemps considérés comme impurs, d'où leur surnom d'"intouchables".

Cette hiérarchie d'origine religieuse est reproduite dans la société : chaque hindou appartient par sa naissance à une *varna*, mot que l'on traduit en français par "caste", c'est-à-dire à un groupe social qui lui impose ses obligations morales, religieuses et sociales.
Les *varna* s'intègrent dans les grands principes du *dharma* – l'ordre éternel –, du *karma* – le poids des actes – et du *samsara* – le cycle des renaissances. C'est le bilan des actes de chacun qui justifie sa renaissance dans une *varna* plutôt que dans une autre.
Par exemple, naître hors caste n'est pas pensé en termes d'injustice sociale : c'est le résultat d'une vie antérieure dont les actions n'ont pas été conformes au *dharma*. Au contraire, l'individu qui s'efforce tout au long de son existence de tenir sa juste place dans l'ordre du monde et respecte les rites et les traditions travaille à une bonne renaissance future, dans une *varna* supérieure. Celui qui renaît dans la *varna* des brahmanes, grâce aux mérites de ses actes passés, est le plus proche de la délivrance suprême.

La libération

Pour l'hindou, la délivrance suprême – *moksha* – consiste à sortir du cycle des renaissances, à ne plus renaître, afin de s'unir à l'Absolu, à l'universel. Seule la fusion entre le caractère sacré de chaque individu, l'*atman*, et l'énergie universelle, le *brahman*, permet la libération.

Pour parvenir à cette délivrance, le fidèle peut adopter une attitude religieuse, la *bhakti*, qui dépasse la simple pratique rituelle. La *bhakti*, qui signifie en sanscrit "partage", "participation", est une relation personnelle, profonde, entre le fidèle et la divinité. En échange d'une attitude d'abandon total et d'amour, la grâce du divin peut permettre au fidèle d'échapper au cycle du *samsara*. Cette doctrine est développée dans un texte ancien très précieux pour de nombreux hindous, la *Bhagavad-gîtâ*, "le chant du bienheureux", qui recommande au fidèle une vie spirituelle totalement vouée à la divinité et désintéressée du résultat : "Sois attentif à l'accomplissement des œuvres, jamais à leurs fruits. Ne fais pas l'œuvre pour le fruit qu'elle procure."

Pour atteindre la délivrance, des hindous âgés choisissent d'abandonner leur position sociale, leur famille, pour vivre dans l'errance et la pauvreté : ce sont des "renonçants". Le *sadhu* – ce terme signifie "excellent" – est un modèle de renonçant bien connu en Inde. Il choisit de s'isoler dans le silence et le jeûne pour échapper au cycle des renaissances et rejoindre directement le *brahman*.

Un autre moyen de se délivrer du *samsara* est de se "vider" des désirs que l'on éprouve, car ils entraînent le cycle des renaissances. La technique de libération du corps et de l'esprit qui permet de s'unir à l'Absolu est le yoga, qui est fondé sur le respect de principes moraux, la pratique d'une gestuelle corporelle et d'exercices de respiration, ou la méditation.

L'hindouisme n'a jamais été une religion "missionnaire", se donnant pour mission de gagner des fidèles. L'important est pour chacun de trouver sa voie propre afin d'atteindre la délivrance suprême.

LE BOUDDHISME,
LA VOIE DE L'ÉVEIL

Une légende raconte qu'aux environs de 550 avant notre ère, en Inde du Nord, la reine Maya mit au monde un enfant qu'elle déposa dans un lotus blanc. Le nouveau-né, dont les sages brahmanes avaient annoncé le caractère exceptionnel, fut immédiatement salué par toute la nature. Baptisé Siddharta, "l'Accomplissement", l'enfant se mit debout, parcourut sept pas, dont chacun fit éclore un lotus blanc, et déclara : "Voici ma dernière naissance, je suis revenu pour mettre un terme à la souffrance des hommes."

Même s'il est difficile de démêler l'histoire vraie de la légende, c'est bien l'expérience d'un homme, Siddharta Gautama, qui est à l'origine de la doctrine bouddhiste. Le jeune prince mène une existence paisible jusqu'à l'âge de vingt-neuf ans. Un jour, après avoir rencontré successivement un vieillard, un malade et un moine mendiant, il se dit que la vie n'est qu'une succession de malheurs. Désormais hanté par la question de la souffrance, il quitte sa famille et choisit de mener une vie de pauvreté et de solitude. Néanmoins, cette existence ne le satisfait pas davantage dans sa quête de sérénité. Lors d'une de ses méditations, Siddharta comprend qu'il vit la dernière de ses nombreuses existences sur la Terre. Il a atteint la connaissance suprême, l'"Illumination", l'"Éveil" – *bodhi*. Cette illumination est à la fois une prise de conscience des souffrances de la vie et la connaissance des moyens de s'en libérer afin d'atteindre la sérénité parfaite, le *nirvana*. Il devient ainsi le *bouddha*, "l'Éveillé".

L'Éveil

La pensée du Bouddha reprend la conception de l'univers et de la vie qui existe en Inde à cette époque. Il conserve la croyance en la "transmigration" des âmes – *samsara* –, par laquelle l'homme est condamné à renaître. Ce sont les actes de chacun – le *karma* – qui déterminent cette renaissance. Mais si, comme beaucoup de ses contemporains, le Bouddha cherche à se libérer du *samsara*, il propose une voie nouvelle.

Cette fresque découverte dans une grotte du Xinjiang, une province chinoise, réalisée entre le IVe et le VIIe siècle, représente probablement le premier grand disciple du Bouddha : Kasyapa.

L'enseignement du Bouddha repose sur l'idée que toute vie est imprégnée de *doukkha*, de souffrance : "La naissance est douleur, la vieillesse est douleur […] La séparation d'avec ce que l'on aime, ne pas obtenir son désir est douleur." La souffrance naît du désir sous toutes ses formes, y compris celui de vivre, qui enchaîne au *samsara* : "L'origine de la douleur, c'est la soif qui conduit à renaître […] la soif de l'existence."
La suppression de la douleur n'est donc possible que par l'extinction du désir, et seul un ensemble de pratiques spirituelles peut y conduire.

La voie

Ce chemin à suivre, qui compte huit étapes – la "noble octuple voie" –, définit la morale bouddhique. Il implique des croyances justes, une volonté juste, des paroles justes, des actions justes, une façon de vivre juste, une méditation juste. Mais ce cheminement est difficile et exige un long entraînement.

Renonçant à atteindre immédiatement la sérénité suprême, le *nirvana*, le Bouddha consacre son existence à délivrer son message. La parole du Bouddha n'est pas une "révélation divine" – le Bouddha n'est pas un prophète qui annonce ou révèle un dieu –, mais un enseignement élaboré au terme d'une longue expérience spirituelle.
La prédication du Bouddha – qui n'appartient pas à la *varna* des brahmanes, mais à celle des *kshatriya*, les princes – constitue une réaction contre la religion qu'enseignent les tout-puissants brahmanes à cette époque. À la différence du brahmanisme, le Bouddha offre une voie spirituelle accessible à tous. Il rejette l'importance des rites, comme le bain sacré dans les eaux du Gange, ou l'idée d'un élément suprême, le *brahman*, qui déploierait des mondes successifs. Il dénonce aussi les sacrifices d'animaux pratiqués alors par les brahmanes ainsi que le système des castes.

Très vite, le discours du Bouddha attire de nombreux disciples. Pendant de longues années, il parcourt l'Inde et rassemble les fidèles. Il organise sa communauté (*sangha*) et détermine une discipline, sans pour autant

constituer une véritable Église. Mais, à sa mort, ses reliques, dispersées dans toute l'Inde, deviennent des objets de culte, et ses sermons sont considérés comme des textes sacrés. La prédication de sa parole par ses disciples transforme rapidement la pensée du Bouddha en une véritable religion, enrichie de rites et de gestes sacrés.

La vie monastique

Pour véritablement appliquer la doctrine bouddhique, il est nécessaire de s'isoler du monde et de vivre en communauté. Chacun, quelle que soit son origine sociale, peut devenir moine. Au fil des siècles, de nombreux monastères ont été fondés afin de permettre aux moines – les bonzes – de perfectionner leur vie spirituelle. Rythmée par la méditation, le chant, quelques travaux quotidiens et de nombreuses règles – 227, en théorie ! –, la vie monastique est faite de privations volontaires. Les bonzes n'ont pas le droit, par exemple, de posséder plus de neuf objets : trois robes, une ceinture, une aiguille, un rasoir, un bol à aumônes, un gobelet à eau et un éventail. Ils mendient leur nourriture auprès de la population. Celui qui fait une offrande à un moine réalise un acte de grande valeur. Les communautés s'inspirant de l'enseignement du Bouddha ont développé l'idéal de l'*arhat*, l'homme digne de respect parce qu'il a vaincu tous les désirs qui faisaient obstacle à son Éveil.

Les différentes traditions

Le bouddhisme a connu une rapide expansion géographique, s'accommodant des traditions religieuses qui existaient déjà. Il s'est développé d'abord en Asie centrale, puis a gagné, au début de notre ère, la Chine et tous les pays d'Asie, jusqu'au Tibet, au VIIe siècle.
Trois formes de bouddhisme sont apparues au cours des siècles. Le bouddhisme theravada, implanté surtout en Thaïlande, en Birmanie et au Cambodge, a conservé intacte la doctrine primitive du Bouddha. En revanche, le bouddhisme mahayana, postérieur, a élargi la pensée ini-

tiale. L'objectif du mahayana – développé en Chine, au Japon et au Vietnam – n'est plus l'idéal de l'*arhat*, considéré comme égocentrique, mais la pratique du don, de la compassion. Il s'agit d'être un *bodhisattva*. Arrivé au seuil de l'Éveil, le *bodhisattva* choisit d'aider les autres à sortir du cycle des existences et fait passer leur délivrance avant la sienne. Le culte des *bodhisattvas* s'est largement développé et a rejoint celui du Bouddha. La troisième branche du bouddhisme, le bouddhisme tantrique, s'est surtout implantée au Tibet et, combinée à d'anciennes conceptions religieuses, a donné naissance à un système où les moines – les lamas – détiennent le pouvoir politique et religieux. Dans le bouddhisme tibétain, appelé lamaïsme, c'est l'homme dans sa totalité – corps, parole, esprit – qui est actif dans la recherche de l'Éveil. Le lama reçoit un enseignement fondé sur les *tantras* – des manuels de rites magiques issus de l'ancienne religion des Tibétains chamanistes –, récite des formules, des *mantras*, et reproduit des gestes précis, des *mûdras*. Selon la tradition, cette initiation leur permet d'accéder à la libération en l'espace d'un éclair. Le lama médite à partir d'une représentation symbolique du cosmos, un *mandala*, qui lui permet d'avancer dans son cheminement spirituel. L'une des plus célèbres écoles tantriques, dirigée par le dalaï-lama, chef politique et religieux du Tibet – aujourd'hui en exil en Inde –, est celle des Bonnets jaunes.

Dans les années 1950, la Chine communiste envahit le Tibet et mit en place des persécutions religieuses. Des milliers de lamas furent alors envoyés dans des camps de "rééducation" par le travail ou emprisonnés. Beaucoup d'entre eux, contraints de fuir leur pays, ont établi des contacts privilégiés avec l'Occident. Les idées de maîtrise de soi, l'absence d'un dieu unique et d'autorités religieuses, la tolérance et la non-violence, attribuées à la pensée bouddhique, ont séduit de nombreux Occidentaux. Aujourd'hui, plusieurs dizaines de milliers de bouddhistes d'origine française ont choisi cette voie spirituelle.

CONFUCIUS,
UN RÉVOLUTIONNAIRE CONSERVATEUR

Autrefois, chaque ville de Chine abritait un temple bien particulier. On ne venait y vénérer aucun dieu, mais honorer la mémoire d'un homme dont une enseigne rappelait qu'il était "le premier des professeurs", Confucius. Ces temples étaient des sortes de collèges où les enfants apprenaient à lire et à écrire et où les adultes passaient des concours pour devenir fonctionnaires d'État. Aujourd'hui, de nombreux temples continuent d'honorer la mémoire de Confucius, dont la sagesse pratique imprègne depuis plusieurs millénaires la civilisation chinoise.

Kongfuzi – Confucius – naît en 551 avant notre ère, à la même époque que le Bouddha, dans la province de Lu, au nord de la Chine. À cette période, la Chine traverse une série de troubles. La puissante dynastie Zhou ne parvient pas à imposer son autorité face à ses rivales, et des luttes de pouvoir affaiblissent le pays.
Confucius, issu d'une famille de petite noblesse, est pauvre, mais il a la chance de faire des études et, très tôt, déplore le désordre qui règne en Chine. Il réfléchit à la meilleure façon de gouverner et voyage afin de dispenser sa sagesse. Nommé magistrat, il est bientôt chargé de la justice dans le gouvernement de Lu. Après de nombreux voyages, il regagne sa province et décide de former des disciples à sa doctrine. C'est par leur intermédiaire, grâce à un recueil des propos du maître – les *Entretiens* –, que nous connaissons sa pensée.

Le système développé par Confucius est une éducation, un ensemble de conseils pour améliorer sa conduite et vivre harmonieusement dans la société. L'originalité de la pensée confucéenne tient en sa foi illimitée en l'homme. Dans une Chine divisée entre ceux qui règnent et les autres, où sévit la discorde, Confucius affirme que c'est en chacun des hommes, du plus puissant au plus petit, qu'il faut rechercher l'harmonie. Le bon ordre du monde n'est pas entre les mains de forces invisibles : c'est à chacun d'entre nous de s'améliorer, de devenir plus humain afin de faire régner la paix. Confucius nomme cette possibilité d'être "plus humain" le *jen*. Le *jen* est l'attitude bienveillante que chacun doit adopter vis-à-vis des autres.

Le *jen*, au départ comparable au sentiment qui unit une famille, peut être appliqué au pays entier. L'harmonie au sein d'un État provient du respect des traditions, comme l'amour et l'obéissance qu'un fils doit à son père. Cette relation est fondamentale dans le confucianisme, et plus généralement dans la culture chinoise, très attachée au souvenir des ancêtres. On honore la mémoire de ceux qui nous ont donné la vie et dispensé une éducation.

Ce lien familial doit servir de modèle à la relation qui unit le sujet à son gouverneur : "L'homme, en servant ses parents, pratique la piété filiale. En conséquence, il est loyal et peut reporter ses sentiments sur son prince." À partir de là, Confucius imagine un réseau de relations fondées sur l'obéissance pour régir l'ensemble de la société : le souverain doit obéissance au divin, le sujet au souverain, le fils à son père, la femme à son mari, le cadet à l'aîné. Chacun participe ainsi à la cohésion de la société chinoise.

Mais le respect ne suffit pas. Pour participer à l'harmonie de la société et de l'univers entier, il faut pratiquer des rites : par exemple, célébrer le culte des ancêtres ou les fêtes qui rythment les saisons. L'art du bon gouvernement est en effet étroitement lié à l'harmonie cosmique : le respect de la nature et de ses cycles se confond avec le respect de l'homme.

Le message confucéen aujourd'hui

Lorsque la Chine devient un empire centralisé, l'enseignement de Confucius prend la forme d'une morale nationale. Au VIIe siècle, un culte officiel est mis en place, et des temples sont édifiés en l'honneur du maître. Mais c'est surtout avec la dynastie Song (960-1279) que sa doctrine connaît un souffle nouveau. Jusqu'au début du XXe siècle, les textes de la haute Antiquité auxquels se réfère Confucius dans ses *Entretiens* n'ont cessé d'être étudiés. Leur connaissance était, par exemple, une condition de recrutement pour devenir fonctionnaire.

Confucius a donné naissance à une pensée originale, à mi-chemin entre une "morale", une éducation de l'être humain, et une religion, notamment par l'importance qu'il accorde aux rites, comme le culte du Ciel et de la Terre, rendu par le souverain, ou le culte des ancêtres. Marquée par le sens du sacré, la société idéalisée de Confucius repose à la fois sur la morale individuelle et sur des pratiques religieuses.

En Europe, la pensée confucéenne a été découverte au XVIIe siècle, grâce aux missionnaires jésuites. Comme philosophie morale et système de gouvernement, elle a suscité un vif intérêt chez les philosophes occidentaux. L'idée que la politique est indissociable de la morale individuelle a séduit de nombreux philosophes des Lumières, dont Voltaire, qui vit en Confucius l'inventeur d'un humanisme. Diderot ou Montesquieu se montrèrent plus réservés, notamment en raison de l'aspect traditionaliste de sa pensée.

Confucius entouré de ses disciples. À un seigneur lui demandant s'il fallait punir les individus, Confucius aurait répondu : "Pour gouverner le peuple, avez-vous besoin de la peine de mort ? Soyez vous-même vertueux et votre peuple sera vertueux."

LE PEUPLE JUIF
ET LA TERRE D'ISRAËL

Au XVIIIe siècle avant notre ère, la Mésopotamie – une région qui correspond à l'Irak actuel – est peuplée de nombreuses tribus, dont les Hébreux. Les récits bibliques racontent qu'un Hébreu, Abraham, reçoit un jour un ordre de son Dieu : "Va-t'en de ton pays dans le pays que je te montrerai." Abraham et sa famille obéissent et gagnent le pays de Canaan, la Palestine actuelle. Là, Dieu s'adresse de nouveau à lui : "J'instituerai avec toi une alliance perpétuelle pour être ton Dieu et celui de ta race après toi. À toi et à ta race après toi, je donnerai le pays où tu séjourneras, tout le pays de Canaan, en possession, à perpétuité." Comme signe de cette alliance, Dieu demande à Abraham que tous les enfants mâles soient circoncis, c'est-à-dire que l'on sectionne la partie supérieure de la peau qui recouvre le sexe du nouveau-né.

Cette alliance, qui est le fondement du judaïsme, est rapportée dans la Bible juive – ou Bible hébraïque. Rédigée plus tard, probablement du XIIIe au IIe siècle avant notre ère, par les Hébreux eux-mêmes, la Bible juive raconte le dialogue entre Dieu et son peuple, le peuple "élu". Sans se montrer, Dieu a parlé à quelques hommes, des prophètes comme Abraham ou Moïse, et les a chargés de transmettre sa parole. On parle donc de religion "révélée".

Vers 1700 av. J.-C., les Hébreux, victimes de la famine, quittent le pays de Canaan, guidés par le petit-fils d'Abraham, Jacob – surnommé par Dieu "Israël" et dont le nom désignera désormais tout son peuple. Ils gagnent l'Égypte, où ils resteront plus de quatre siècles. Après une période de liberté, les Hébreux sont réduits en esclavage. Mais Dieu charge l'un d'entre eux, Moïse, de les délivrer et de les ramener en Terre promise. Cette sortie d'Égypte est commémorée chaque année par les juifs : c'est la Pâque, *Pessah*, ce qui signifie en hébreu le "passage".

Commence alors pour les Hébreux un exode de près de quarante ans au cours duquel, malgré les moments de doute et de révolte du peuple, Dieu lui renouvelle son alliance. Il apparaît à Moïse sur le mont Sinaï et énonce Dix Commandements qu'il grave lui-même sur des tables de pierre. Il demande à son peuple de le reconnaître comme Dieu unique, tout-puissant, créateur de l'univers, et de ne pas honorer d'autres idoles. Les

> Les Hébreux quittent l'Égypte vers la Terre promise. "Moïse étendit sa main sur la mer. [...] Les enfants d'Israël entrèrent au milieu de la mer à sec, et les eaux formaient comme une muraille [...]" (Exode, chap. XIV)

Hébreux acceptent et s'engagent, ainsi que toute leur descendance, à respecter la loi divine. Le refus de reconnaître tout autre dieu distingue dès lors les Hébreux des peuples polythéistes de l'époque, qui en vénèrent plusieurs.

À leur arrivée, les Hébreux conquièrent le pays de Canaan, qui est partagé entre douze tribus. Le pays est successivement gouverné par des juges puis par des rois, dont Salomon, qui fait construire le Temple de Jérusalem. Après une période de troubles, certaines tribus se rassemblent pour former, en – 930, deux royaumes : au nord, le royaume d'Israël et, au sud, le royaume de Juda, dont la capitale est Jérusalem. Le terme "juif" signifie en hébreu "issu de la tribu de Juda".

La diaspora

À partir du VIIIᵉ siècle av. J.-C., plusieurs invasions obligent les juifs à s'exiler à nouveau. En 721 av. J.-C., le royaume d'Israël est détruit, conquis par les Assyriens et, en – 587, les Babyloniens envahissent le royaume de Juda et détruisent le Temple de Jérusalem. Une partie de la population est alors déportée près de Babylone, en Mésopotamie. Elle constitue l'une des premières "diasporas", terme grec qui signifie "dispersion". Dispersés, privés de leur Temple et de leur terre, les juifs se réunissent autour de savants, les rabbins, qui lisent et expliquent les Écritures saintes, même si elles n'ont pas encore leur forme définitive. Avant les chrétiens et les musulmans, les juifs forment ainsi le premier "peuple du Livre".

L'exil est de courte durée. Quand le Perse Cyrus conquiert Babylone, les juifs sont autorisés à regagner l'ancien royaume de Juda, la Judée, où ils reconstruisent le Temple. Mais beaucoup d'autres juifs choisissent de rester en Mésopotamie.

À cette époque, la succession des conquêtes étrangères fait naître au sein de la communauté juive de Judée l'espoir d'un libérateur envoyé par Dieu. Ils attendent un "Messie" qui les délivrerait des envahisseurs et ramènerait les exilés en Terre promise.

En 63 avant notre ère, lorsque la Judée passe sous domination romaine, plusieurs révoltes éclatent. Quelque cent trente ans plus tard, en 70, le Romain Titus assiège Jérusalem et détruit le second Temple. La population juive est alors contrainte une nouvelle fois à l'exil et plusieurs communautés s'implantent dans l'Empire romain, au Maroc ou en Espagne.

Désormais, et pour dix-huit siècles, jusqu'à la création d'un État juif en Palestine, l'histoire du peuple juif est celle de communautés dispersées dans le monde entier.

La dispersion et la destruction du Temple renforcent la nécessité de réorganiser le judaïsme autour de la Bible. Les rabbins mettent alors au point des règles d'interprétation des Écritures, des prières, un calendrier des fêtes, etc. La Bible hébraïque est composée de trois parties : le Pentateuque, c'est-à-dire les cinq premiers livres, qui raconte la création du monde, le début de l'histoire des Hébreux et la loi de Moïse ; le livre des Prophètes, qui retrace l'histoire d'Israël jusqu'au Ve siècle avant notre ère ; enfin, les Écrits, qui rassemblent prières et récits. À côté des Écritures saintes, rassemblées sous le nom de Torah – "doctrine" en hébreu –, il existe un recueil d'explications de la Torah : le Talmud. Le Talmud est composé de la *Mishnah*, traditions et règles, orales à l'origine, qui ont été fixées par écrit à partir du Ier siècle, et de son commentaire, la *Guemarah*.

Les persécutions

Si, au Moyen Âge, dans le monde arabo-musulman les juifs jouissent d'une certaine protection, l'histoire des juifs d'Europe est marquée par le rejet. En Espagne, après une période d'épanouissement, la situation change au XIe siècle, au moment de la reconquête chrétienne. L'Église utilise tous les moyens, y compris la torture, pour convertir les juifs. En 1492, un décret les oblige à se convertir à la foi chrétienne ou à quitter le pays. L'expulsion des juifs d'Espagne est loin d'être un cas unique. En Allemagne, par exemple, les juifs ashkénazes – "allemands" en hébreu –, sont tolérés, mais exclus des fonctions importantes et cantonnés dans certains quartiers : des ghettos. Le *ghetto* désigne à l'origine le quartier des juifs de Venise. Pendant plusieurs siècles, les juifs connaissent une vie errante, chassés d'un pays à l'autre. En France, c'est seulement en 1791 qu'ils sont reconnus comme citoyens à part entière et que la discrimination à leur égard est abolie. Mais cette émancipation est loin de leur garantir la paix. Le XXe siècle est marqué par la plus grande tragédie de leur histoire : la Shoah – "catastrophe" en hébreu –, qui a conduit à l'extermination de cinq à six millions de juifs en Europe pendant la Seconde Guerre mondiale.

En Europe, au Moyen Âge, les synagogues deviennent le centre de la vie communautaire juive. Sur cette *aggadah* espagnole du XIVe siècle, un récit traditionnel, le rabbin, vêtu du *talith*, le châle de prière, tient dans ses mains le rouleau de la Torah, au-dessus d'une représentation des Tables de la Loi.

De la Terre promise à l'État d'Israël

Dès la première diaspora, l'espoir d'un retour en Terre promise devient un élément fondamental du judaïsme. Au XIXe siècle, certains réclament la création d'un État juif en Palestine et créent un mouvement sioniste. Ce terme est issu de Sion, une colline de Jérusalem qui a fini par désigner la ville entière, puis la nation juive. À partir de 1804, des groupes s'installent en Terre sainte. Ils sont de plus en plus nombreux après 1920, lorsque la Palestine passe sous mandat britannique. En 1947, afin de garantir une patrie aux rescapés de la Shoah, l'ONU décide d'un partage de la Palestine en deux États : l'un juif, l'autre arabe. L'indépendance de l'État d'Israël est proclamée en 1948.

Depuis cette date, quatre guerres ont opposé le nouvel État aux pays arabes de la région. Aujourd'hui, des conflits ont lieu avec les Arabes palestiniens, et l'État d'Israël est confronté à un défi majeur : vivre aux côtés du peuple palestinien qui a forgé sur cette terre, au fil des siècles, une culture et une identité.

JÉSUS,
UN AGITATEUR PARMI LES JUIFS

À la fin du Iᵉʳ siècle avant notre ère, la Judée est une province de l'Empire romain. Il y règne une forte agitation politique et surtout religieuse. Le peuple juif attend avec impatience la venue du "Messie", le libérateur annoncé par la Bible qui doit le délivrer de l'oppression romaine et instaurer le royaume de Dieu. La communauté juive est à cette époque divisée en plusieurs courants, dont les pharisiens, qui vivent dans un respect absolu de la loi juive. D'autres rejettent cette rigueur et développent, au sein du judaïsme, des idées différentes. Ils se rassemblent au sein de communautés minoritaires, des sectes.

C'est dans ce contexte que naît Jésus, vers l'an 6 avant notre ère. Sa vie a été racontée après sa mort dans des textes rédigés entre 70 et 90, les Évangiles, qui reposent sur le témoignage de personnes qui l'ont côtoyé. Ces textes ne sont pas l'œuvre d'historiens. S'ils présentent des points communs dans l'évocation de la vie de Jésus, leurs différences sont révélatrices des tendances théologiques qui existaient à l'intérieur des premières communautés chrétiennes ou judéo-chrétiennes.
Les quatre Évangiles retenus par l'Église au IIᵉ siècle, ainsi que les Actes des Apôtres – qui décrivent la vie des premiers chrétiens – et quelques autres textes forment le "Nouveau Testament" de la Bible chrétienne. Les Écritures hébraïques, qualifiées d'"Ancien Testament" – précisément parce qu'elles ont été complétées par ces nouveaux écrits –, en constituent la première partie.

Jésus grandit en Judée, où il reçoit l'éducation juive de l'époque et observe les préceptes de la Torah, la loi juive. À trente ans, Jésus rencontre Jean le Baptiste, un juif marginal qui annonce la venue du Messie et baptise ceux qui craignent le jour du jugement de Dieu : il les invite, par l'immersion dans l'eau, à reconnaître leurs fautes et à s'en purifier. Lorsque Jean rencontre Jésus, qui demande à son tour le baptême, il voit en lui le "Fils de Dieu". Cet épisode est décisif : c'est à ce moment que Jésus commence sa mission sur les routes de Galilée. Il se choisit des disciples, rassemble des foules et proclame : "Le temps est accompli, le règne de Dieu s'est approché, convertissez-vous."

Une nouvelle alliance

La pratique religieuse de Jésus – la fréquentation du Temple et la prière – est celle de tous les juifs à cette époque. Mais son message dépasse le respect de la loi de Moïse. Par exemple, il affirme à plusieurs reprises que les sacrifices d'animaux offerts au Temple de Jérusalem par les juifs ne sont pas ce qui plaît le plus à Dieu. Jésus, qui connaît très bien la Bible hébraïque, rencontre des docteurs de la Loi, fréquente les synagogues, provoque des débats avec les pharisiens. Il dénonce le décalage entre leurs paroles et leurs actes. Pour lui, l'essentiel se trouve dans l'amour de Dieu et d'autrui : "Le premier commandement de la Loi dit : 'Tu aimeras Dieu de tout ton cœur' ; le second lui est semblable : 'Tu aimeras ton prochain comme toi-même.' Ce sont les deux commandements les plus importants, ils résument à eux seuls la loi de Moïse."

Ce discours nouveau séduit de nombreux juifs, pour qui le seul respect de la Loi n'est pas satisfaisant. Jésus attire aussi des exclus, touchés par ses paroles. En quelques années, son message gagne toute la région. Mais ses propos et les miracles qu'on rapporte inquiètent les autorités juives. Qui est cet agitateur ?
L'un de ses disciples, Pierre, le définit un jour comme le "Christ", traduction grecque de "Messie", le libérateur annoncé par la Bible. Jésus se présente comme l'envoyé de Dieu sur la terre : "Je suis le chemin, la vérité, la vie. Personne ne va au Père, si ce n'est par moi."
Jésus, qui se proclame "Fils de Dieu", scandalise. Lorsqu'il se rend à Jérusalem, acclamé par une foule de fidèles, il est immédiatement arrêté et livré aux prêtres juifs qui l'accusent de blasphème, d'injure à Dieu. Crucifié le matin de la Pâque juive, un vendredi, Jésus fut proclamé vivant, "ressuscité", par ses disciples, le dimanche suivant. Ce jour est devenu le dimanche de Pâques – la Pâque chrétienne. Un peu plus tard, les disciples affirment qu'il leur est apparu et qu'ils ont vu son ascension au ciel, quarante jours après sa résurrection.
Pour les disciples, la résurrection du Christ est la garantie que c'est par lui que les hommes pourront vivre éternellement après la mort.

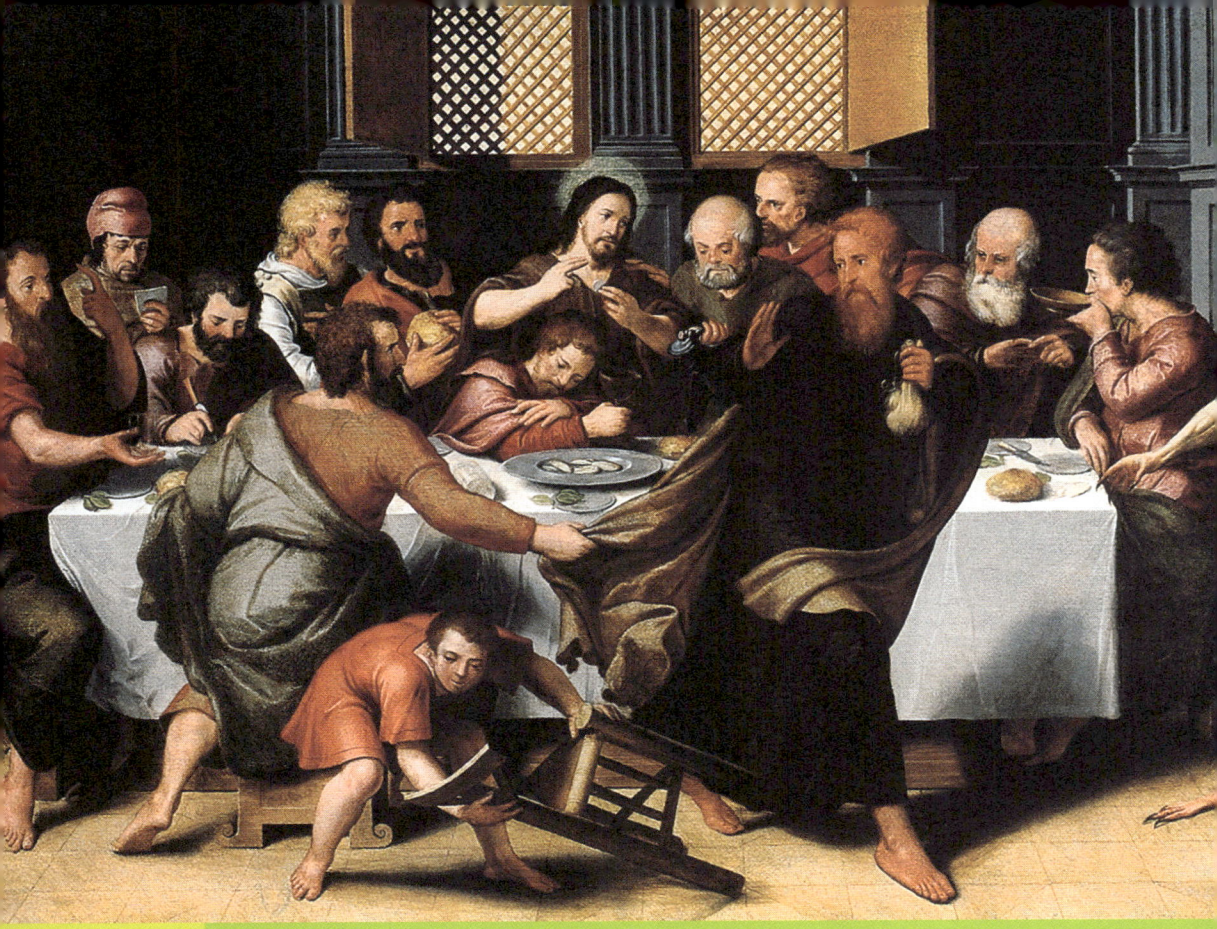

LA CÈNE

La Cène – un mot issu du latin *cena*, "le repas du soir" – est le dernier repas que Jésus prit avec ses disciples, la veille de sa mort. Au cours de ce repas, il institua l'Eucharistie.
La Dernière Cène, Pierre Pourbus, 1548.

En acceptant de mourir sur la Croix, Jésus a réalisé une nouvelle alliance, non plus fondée sur le sacrifice d'animaux selon les rites juifs, mais sur son propre sacrifice, le dernier.

Selon la tradition, établie sur les Évangiles et qui a nourri la haine envers les juifs, Jésus a été condamné à mort par les autorités juives. En réalité, c'est le préfet romain Ponce Pilate qui a prononcé l'exécution. Mais ensuite, dans un contexte de conflit et de séparation entre les disciples du Christ et les autorités juives, les rédacteurs des Évangiles ont fait porter aux juifs la responsabilité de sa condamnation.

Les débuts de l'évangélisation

Comment le message de Jésus s'est-il propagé ? Au moment de sa crucifixion, ses disciples ne constituent en effet qu'une petite secte juive parmi d'autres ! Lorsqu'ils commencent à diffuser son message à Jérusalem, formant la toute première Église – du grec *ekklêsia*, "assemblée" –, ils s'inscrivent toujours dans le judaïsme : ils observent les mêmes rites, fréquentent le Temple de Jérusalem et s'adressent alors aux seuls juifs.

Au contraire, les juifs issus de la diaspora, dispersés dans tout le bassin méditerranéen, qui parlent le grec et croient, eux aussi, au message du Christ, s'éloignent davantage du judaïsme traditionnel. Pour la première fois, leurs discours s'adressent à tous : aux juifs, mais aussi aux adeptes d'autres religions qui honorent plusieurs dieux, les païens.

Un homme a joué un rôle capital dans la diffusion du message du Christ auprès des païens : Paul de Tarse. Ancien juif pharisien ayant combattu les disciples de Jésus, Paul reçoit un jour la révélation du Christ et consacre dès lors son existence à transmettre l'Évangile – *euaggelion* signifie en grec "bonne nouvelle".

Paul parcourt tout le bassin méditerranéen. Son message est nouveau : il rejette la loi de Moïse, ce que Jésus lui-même n'avait pas fait. Par exemple, il rompt avec le rite de la circoncision. Pour lui, seule la foi en Jésus

donne accès à la vie éternelle, et chacun doit se libérer du poids de la Loi : "C'est pour la liberté que Christ nous a affranchis […] ne vous laissez pas mettre de nouveau sous le joug de la servitude."
Son enseignement se répand rapidement. Les convertis à la parole du Christ, qu'ils aient été juifs ou païens, sont désormais rassemblés sous le terme grec commun de *christianoï*, "chrétiens".

Les différents christianismes

Les communautés chrétiennes se développent, se hiérarchisent sous l'autorité des évêques, successeurs des apôtres. Mais, dès les premiers siècles, des débats apparaissent au sein de l'Église. Afin de discuter de ces divergences, des assemblées sont réunies – les conciles –, dont les réponses vont progressivement conduire à des ruptures. À partir du Ve siècle, les Églises d'Orient se séparent de l'Église de Rome. En 1054, au terme de conflits entre Rome et Constantinople, le schisme d'Orient marque la rupture définitive entre le catholicisme romain – du grec *katholikos*, "universel" – et l'orthodoxie byzantine – du grec *orthos*, "droit", et *doxa*, "opinion".

Le christianisme compte aujourd'hui trois branches principales. Les catholiques reconnaissent le pape comme chef suprême de l'Église. Les chrétiens orthodoxes conservent l'essentiel des dogmes catholiques, mais ne reconnaissent pas la suprématie du pape.
Enfin, au XVIe siècle, une minorité de chrétiens prône une réforme de l'Église et cherche à retrouver le sens originel du texte biblique. C'est le début du protestantisme, marqué par des luttes violentes avec l'Église catholique. Les protestants, aujourd'hui divisés en de nombreuses Églises refusent l'autorité du pape et divergent des catholiques sur plusieurs questions théologiques.
Par-delà ces divisions, de nombreux chrétiens encouragent le rassemblement et la réconciliation de toutes les Églises chrétiennes : cette tendance à l'union est l'œcuménisme.

LE MESSAGE DE L'ISLAM

Aux alentours de l'an 610, en Arabie Saoudite, près de La Mecque, un homme, Mahomet, médite sur l'existence de Dieu. À cette époque, les Arabes croient en un Dieu créateur, mais adorent plusieurs idoles, sortes d'intermédiaires entre Dieu et les hommes. Selon la tradition, un visiteur est apparu dans un songe à Mahomet, lui révélant : "Je suis l'ange Gabriel, et tu es le messager de Dieu." Mahomet se sent appelé par Dieu – Allah – pour être son messager auprès des hommes, le prophète d'une nouvelle religion : l'islam.

Les révélations divines se succèdent pendant des années. Mahomet récite la parole de Dieu à ses compagnons, qui la consignent par écrit, verset après verset. C'est ainsi que se constitue le Coran – de l'arabe *qu'rân*, "récitation". Mahomet n'ajoute aucune réflexion personnelle, il ne fait que transmettre un message qui s'adresse à l'humanité entière.

Si beaucoup sont séduits par son message, Mahomet se fait aussi des ennemis, qui n'apprécient pas cette nouvelle religion intolérante envers les autres dieux. Menacé, il quitte La Mecque pour Médine, "la ville de l'Envoyé", en 622. Cette migration – en arabe *hijra*, l'"Hégire" – est l'acte fondateur de l'islam et correspond au début du calendrier musulman. À Médine, Mahomet rencontre l'adhésion d'une nombreuse population parmi les tribus nomades de la région. Il pose les bases religieuses de la nouvelle communauté – *Umma* – et peu à peu définit aussi ses règles juridiques et sociales. Mahomet devient un chef religieux, politique et militaire.

La troisième religion révélée

Le judaïsme et le christianisme – les deux grandes religions monothéistes, qui ne reconnaissent qu'un seul Dieu – ne sont pas inconnus des Arabes à cette époque, et Mahomet a probablement eu l'occasion de côtoyer des communautés juives et chrétiennes implantées dans la région.
Le message révélé à Mahomet se situe dans l'héritage de ces deux religions.

Pour les musulmans, c'est le dernier message de Dieu aux hommes, celui qui vient "parfaire" la religion déjà révélée aux juifs et aux chrétiens. Il existe donc beaucoup de points de convergence entre les trois religions, même si elles se sont souvent affrontées.

Comme le judaïsme et le christianisme, l'islam ne reconnaît qu'un Dieu unique : l'adoration de plusieurs dieux est même considérée comme la faute la plus grave, qu'Allah ne peut pardonner. Les musulmans vénèrent tout particulièrement leur prophète, Mahomet, mais ils reconnaissent aussi les anges et les prophètes de la Bible, comme Noé, Abraham – Ibrahim en arabe, considéré par les musulmans comme le fondateur des trois religions monothéistes – et Jésus. Aux yeux des musulmans, ce sont des "envoyés" de Dieu chargés, avant Mahomet, de révéler aux hommes sa parole. Les livres transmis par ces prophètes – la Torah juive et l'Évangile chrétien – sont donc considérés comme des livres inspirés par Dieu. Mais c'est le Coran, autorité absolue, qui parachève la révélation de Dieu aux hommes.

La loi divine

L'islam, qui signifie en arabe la "remise de soi à Dieu", s'étend à tous les domaines de la vie des fidèles. Ce n'est pas seulement un lien avec Dieu, c'est une manière de vivre en société qui concerne la famille, la morale ou l'alimentation. Le Coran définit de nombreuses règles, religieuses et juridiques, que doivent suivre les fidèles : c'est la *sharî'a*, la loi islamique, mot qui signifie en arabe le "chemin à suivre".

Les musulmans doivent ainsi respecter cinq obligations fondamentales liées au culte : la profession de foi, par laquelle le fidèle proclame qu'il n'y a pas d'autre divinité que Dieu ; les cinq prières quotidiennes ; l'aumône, un acte de solidarité envers les plus pauvres ; le jeûne pendant le mois du ramadan ; enfin, si le fidèle le peut, le pèlerinage à La Mecque une fois dans sa vie. Néanmoins, le Coran contient peu de règles de conduite très précises. Les musulmans se sont donc référés aux propos de Mahomet, les *Hadîths*, et à sa conduite afin d'en tirer des règles de vie, une "conduite

Cette miniature persane du XVIIe siècle représente côte à côte Mahomet et Jésus. L'islam considère Jésus comme le "Verbe émanant de Dieu", un grand prophète qui annonce Mahomet.

modèle" à suivre, la *sunna*. Outre les règles, l'islam encourage aussi l'effort spirituel pour se rapprocher de Dieu, le *jihâd*. Mais la notion de *jihâd* peut recouvrir plusieurs interprétations : si le *jihâd* supérieur est un effort spirituel, le Coran distingue un *jihâd* mineur : une lutte armée pour défendre la religion, inspirée de celle que mena Mahomet contre les Infidèles à Médine.

Expansion et différents courants

Dès la mort de Mahomet, en 632, l'islam se propage au-delà de la péninsule Arabique. Cette expansion est initiée par l'un des compagnons du Prophète, Abu Bakr, qui s'autoproclame calife "remplaçant", le premier d'une longue série. En trente ans, les premiers califes conquièrent l'Irak, la Syrie, la Palestine, la Perse, l'Arménie, la Tunisie, l'Égypte… Ils donnent à ces pays des structures administratives et judiciaires, mettent en place une grammaire arabe et fixent le texte officiel du Coran.

Malgré les conquêtes militaires, la succession du Prophète est vite remise en cause. Certains rejettent l'autorité des premiers califes et pensent que seul Ali, le cousin du Prophète, peut prétendre à ce titre. Longtemps écarté du pouvoir, Ali est donc finalement élu quatrième calife. Mais il se heurte bientôt au gouverneur de Syrie, Muâwiya, qui lui dispute le pouvoir.

Cette rivalité marque le début de la grande division entre les musulmans, qui a donné naissance à trois courants : les musulmans qui affirment la légitimité des premiers califes, les sunnites – de *sunna*, "tradition" –, largement majoritaires ; les chiites ou "partisans" d'Ali ; enfin, une petite minorité refuse de choisir entre les deux hommes : les kharidjites – "ceux qui sortent".

Au terme de cette guerre de succession, Ali est tué, et Muâwiya devient calife en 660. C'est le début de la brillante dynastie des Omeyades. À partir du XIe siècle, les Turcs prennent le relais des Arabes et poursuivent le rayonnement de l'islam. L'expansion territoriale de l'islam cesse au XVe siècle. La plupart des territoires conquis sont encore musulmans.

Cette miniature turque du XVIIᵉ siècle représente Mahomet en compagnie d'Abu Bakr. Abu Bakr fut l'un des premiers adeptes du Prophète, son beau-père, ainsi que son conseiller politique et militaire à Médine. À la mort de Mahomet, Abu Bakr fut élu premier calife. Reconnu légitime par les sunnites, il est considéré par les chiites comme un traître qui a pris la place de la famille du Prophète : Ali et ses descendants.

Un seul islam ?

Il n'existe pas d'unité dans l'interprétation du Coran, ce qui conduit à des pratiques de l'islam très diverses. Dans l'islam sunnite, majoritaire, aucune autorité centrale ne guide les fidèles dans leur lecture du Coran : chacun en tire les conclusions selon sa conscience propre. En revanche, l'islam chiite a mis en place un système hiérarchique dominé par les *ayatollahs*, les plus hauts chefs religieux, dignes d'interpréter les textes coraniques.

Une lecture "littérale" du Coran, sans aucun recul ni analyse, a conduit, dans certains pays, à des interprétations rigides, notamment en ce qui concerne les relations entre hommes et femmes. En effet, si le Coran ne fait aucune distinction de sexe dans la pratique de la foi – à l'exception de la période des règles, pendant laquelle la femme est considérée comme impure –, en revanche, il établit la supériorité de l'homme dans le domaine juridique. L'homme peut, par exemple, prendre plusieurs épouses et s'en séparer sur sa seule décision : c'est la répudiation. Aujourd'hui, beaucoup de pays musulmans ont supprimé de leur Constitution ces mesures qu'ils jugent incompatibles avec les idées d'égalité et de démocratie.

De la même manière, l'obligation pour les femmes d'être voilées trouve son origine dans le Coran, qui mentionne le voile comme un moyen pour la femme de se préserver des regards offensants. Là encore, l'interprétation libre du texte peut conduire à diverses applications, allant du *hedjab*, simple voile, à la *burqah*, tunique entièrement couvrante.

Ces interprétations de l'islam, si diverses soient-elles, doivent cependant être différenciées de l'islamisme. L'islamisme est une doctrine qui appelle à l'avènement d'une société entièrement soumise à la *sharî'a*, la loi islamique, et rejette les idées de démocratie, d'égalité entre hommes et femmes et même la notion d'État musulman, censée s'opposer à l'*Umma*, la communauté des croyants.

Mais l'islam ne peut être rapporté à quelques fanatiques. De nombreux musulmans, souvent bien meilleurs connaisseurs du Coran, prônent une adaptation de l'islam à la modernité.

LE CHAMANISME INUIT,
UNE CROYANCE BAFOUÉE

Les Inuit vivent dans la partie la plus extrême de l'Amérique du Nord : en Alaska, au Canada et au Groenland. Le froid et la nature hostile les ont longtemps maintenus dans un isolement presque total. Mais, à partir de 1800, leur vie a changé au contact des Européens. Attirés par la pêche à la baleine et le commerce des fourrures, ceux-ci ont introduit des techniques de chasse inconnues des Inuit, et des excitants comme l'alcool, qui ont profondément déstabilisé les communautés. De plus, les missionnaires, venus convertir à la religion chrétienne ceux qu'ils considéraient comme des sauvages – qu'ils surnomment *eskimo*, "mangeurs de viande crue" –, ont aussi détruit leur vision du monde. En effet, bien avant l'arrivée des Européens, les Inuit avaient élaboré un système de croyances, au cœur duquel se trouve l'élément qui détermine leur existence : la nature.

Les esprits de la nature

Les anciens Inuit considéraient que tout être vivant – humain ou animal – était animé par un esprit, un *inua*, qui continuait d'exister après la mort et pouvait renaître dans une autre créature. Les esprits devant être respectés et honorés, les anciens Inuit s'imposaient certains devoirs envers les animaux qu'ils capturaient. Car, à la différence des Européens, la banquise n'était pas pour eux un simple terrain de chasse, c'était un lieu d'échange avec la nature, et les dons devaient être réciproques. Ils observaient donc certaines règles de chasse et respectaient plusieurs interdits, des "tabous". L'un de ces tabous défendait, par exemple, de tuer plus de cinq renards par jour. Lorsqu'ils tuaient un animal, les chasseurs pratiquaient un rituel afin d'apaiser son esprit : ils décapitaient la bête pour libérer l'*inua* et lui faisaient des offrandes de nourriture et de boisson. Lors d'une chasse au phoque, par exemple, il arrivait que le chasseur mette dans la bouche de l'animal une poignée de neige qu'il laissait fondre goutte à goutte. Par cet échange – le sang du phoque contre l'eau de la banquise –, l'esprit du phoque était honoré et respecté. Il renaîtrait et accepterait d'être chassé à nouveau.

Les chasseurs avaient aussi l'habitude de rejeter à la mer un petit morceau du mammifère marin, ou ses os, pour encourager la renaissance de son esprit dans un autre corps. À l'endroit de la glace où le phoque avait passé la tête pour respirer, le chasseur rejetait ses os en disant : "Je te descends dans l'eau, phoque, et ainsi je t'attraperai de nouveau."
Les peuples du Grand Nord avaient ainsi imaginé de nombreux rituels et tabous. Si un chasseur brisait un tabou, il risquait d'irriter les esprits et de n'avoir plus aucun succès à la chasse.

Sur cette photo de 1931, un pasteur luthérien danois baptise deux Inuit, à l'occasion de leur mariage chrétien.

L'*angakkuq*

Le lien entre le peuple inuit et les esprits était assuré par l'*angakkuq*, le chaman. Le chaman – mot issu d'une langue de Sibérie – est un personnage religieux fondamental dans de nombreuses sociétés traditionnelles. Il entretient des relations avec les esprits et a le pouvoir d'accéder à un monde invisible aux hommes "ordinaires". Dans la société inuit traditionnelle, l'*angakkuq* avait en charge le bien-être de la communauté. C'est à lui que l'on s'adressait pour une bonne chasse, un temps favorable ou la guérison des malades. C'est aussi lui qui était chargé de faire respecter les règles, notamment celles qui étaient liées à la mort. Au cours d'une expédition au Groenland, en 1854, le docteur Isaac Hayes est intrigué par le comportement d'une femme et y fait référence dans son journal : "Cette veuve suscitait un vif intérêt chez moi. Elle mangeait des oiseaux pour des raisons de conscience. L'âme de son mari avait transmigré dans le corps d'un morse comme demeure provisoire et l'*angakkuq* avait ordonné que, pendant un temps, elle ne mange pas la chair de cet animal."
Lors de cérémonies sur la banquise, au rythme du tambour *qilaut*, l'*angakkuq*, aidé par des esprits bienveillants – les *tuurngait* –, entrait en transe. Il quit-

tait momentanément son corps et séjournait dans le monde des esprits. De nombreux récits décrivent le voyage du chaman vers l'esprit de la mer, Sedna, qui, selon la légende, gardait le gibier prisonnier dans sa chevelure. Une jeune Inuk – singulier de Inuit — raconte cette légende rapportée par son père : "Mon père était un grand chaman. Il me raconta qu'il descendit dans les profondeurs marines pour rendre visite à Sedna, afin de solliciter quelques animaux pour nourrir les humains. Il y avait beaucoup d'animaux dans la maison de Sedna. Il entra dans sa demeure et voulut lui parler à l'oreille […] mais elle ne pouvait pas l'entendre, car ses oreilles étaient pleines de poils de caribou. Quand les chamans veulent parler à Sedna, ils doivent lui retirer les poils qui s'accumulent dans ses oreilles chaque fois qu'un Inuk transgresse un interdit."

Les missionnaires

Les premiers missionnaires chrétiens qui arrivent dans le Grand Nord à la fin du XVIIIe siècle sont des protestants allemands. Ils sont rejoints, au XIXe siècle, par des catholiques français et belges, ce qui conduit à une véritable concurrence entre les deux communautés. En 1876, un pasteur met au point une transcription écrite de la langue inuit, l'inuktituk, afin de traduire la Bible et de transmettre son message. Les missionnaires s'organisent en campements permanents, bâtissent des écoles, des hôpitaux, ravitaillent la communauté et mettent tout en œuvre pour gagner des conversions et détruire les croyances traditionnelles, jugées diaboliques.

Le père Fallaize, un missionnaire français, note dans son journal le 1er janvier 1930 : "Vu […] la mentalité des Esquimaux, ma situation est difficile ! Je dois cependant rester à tout prix pour faire l'accrochage entre notre civilisation et leur barbarie, entre notre religion et leur paganisme."

Le chaman, qui jouissait d'un certain prestige dans la communauté, est accusé de sorcellerie, et les *tuurngait*, les esprits bienveillants, sont associés à des démons.

Par ailleurs, l'arrivée des missionnaires est à l'origine d'épidémies incon-

nues de la population locale et donc difficiles à combattre. Les Inuit, après avoir constaté que seuls les missionnaires survivent, pensent que les chrétiens invoquent des esprits beaucoup plus puissants que les leurs et se convertissent par peur.

Peu à peu, le discours chrétien détruit la conception traditionnelle du monde inuit. Ce renoncement est vécu comme une victoire par le père Buliard, un missionnaire : "Pour apprendre la religion, ils luttèrent [contre] une nature pourrie de mauvaises habitudes […], ils essayèrent d'oublier ces esprits malfaisants qu'ils croient toujours avoir dans le dos, bravèrent les coutumes et les tabous." Les Occidentaux croient même découvrir dans ces manifestations spirituelles que sont les expériences de transe et les danses une forme très locale de folie, baptisée par les scientifiques "hystérie polaire".

En deux siècles, l'Occident a réduit à néant une culture en usant de la peur. Dans les années 1950, la majorité des Inuit déclarait, au moins officiellement, avoir renoncé au chamanisme. Le christianisme est désormais la religion dominante.

Aujourd'hui, les Inuit forment une nation reconnue par le gouvernement du Québec, au Canada. Les jeunes générations se battent de plus en plus pour une reconnaissance de leur identité et affirment leur intérêt pour le chamanisme, désormais étudié dans une université canadienne. En 1999, les Inuit ont remporté une première victoire politique : le territoire du Nunavut – ce terme signifie "notre terre" –, situé dans le nord du Canada, leur a été restitué. Il est administré de façon autonome par une Assemblée législative et un gouvernement. Mais les Inuit ont à mener une autre lutte : sauver ce qu'il reste de leur culture.

LE VODOU HAÏTIEN,
MÉMOIRE D'UNE LUTTE

En 1941, un immense bûcher est dressé à l'écart d'un village de l'île d'Haïti, dans la mer des Caraïbes. Tout autour, des missionnaires catholiques – qui ont pour mission de diffuser le plus largement leur religion – alimentent le foyer avec les objets de culte vodou qu'ils ont pu réunir. Images, bouteilles, vaisselle, tambours… tous les objets utilisés par les prêtres vodou pour convoquer les divinités au cours de leurs cérémonies sont réduits en cendres. Les instigateurs de ce bûcher ont bien l'intention de supprimer ce qu'ils considèrent comme un culte diabolique, afin de restaurer la seule religion catholique. Cette lutte contre le vodou n'est pas nouvelle. Depuis plusieurs siècles, les missionnaires et les voyageurs qui débarquent à Haïti voient dans le vodou une manifestation honteuse de la sauvagerie africaine et contribuent largement à créer autour de cette croyance de nombreuses légendes, des plus effrayantes aux plus fantaisistes.

L'esclavage

En 1697, lorsque l'Espagne reconnaît à la France la possession d'une partie d'Haïti – la colonie de Saint-Domingue –, les premiers habitants de l'île, les Indiens, ont presque tous disparu, anéantis par la colonisation espagnole. Les Français, qui ont besoin de main-d'œuvre pour exploiter les richesses de l'île, déportent alors des Noirs d'Afrique : c'est le début d'un esclavage féroce.

Arrachés au continent africain, les esclaves sont envoyés dans des plantations de canne à sucre où les seules règles sont le travail sans relâche, l'humiliation et l'obéissance. Selon le *Code noir* français qui régit l'esclavage, les esclaves ne sont que des "biens meubles". On les marque au fer comme des animaux et on leur interdit d'apprendre à lire et à écrire, pour les maintenir sous la domination des maîtres. Les colons imposent la religion catholique aux esclaves, qu'ils entendent "civiliser". Ces derniers sont baptisés dès leur arrivée sur l'île, et leurs cultes africains interdits. Toute tentative de révolte ou de contestation est punie par des châtiments corporels : le fouet, les coups, la torture.

L'expression d'une résistance

Dans ce contexte d'humiliation, les esclaves vont s'efforcer de retrouver une dignité en se tournant vers leur culture africaine. Peu à peu, le vodou va permettre aux traditions africaines de survivre clandestinement. Outre l'aspect purement religieux, il devient rapidement l'expression de la résistance des esclaves face aux maîtres, une forme active de revendication de leur liberté.

À l'origine, le système vodou s'organise grâce à l'ingéniosité des esclaves. Ces derniers détournent certaines pratiques chrétiennes qu'ils utilisent pour dissimuler leurs pratiques traditionnelles. Sous l'apparence de rites catholiques comme le culte des saints, l'utilisation des chandelles ou la récitation de prières, la culture africaine survit dans l'ombre. Peu à peu, les pratiques catholiques sont véritablement intégrées au vodou, qui évolue vers un mélange de croyances d'origine africaine, de certains rites catholiques des colons et de quelques éléments de la culture indienne. Ce mélange religieux constitue ce qu'on appelle un "syncrétisme".
Malgré l'interdiction de rassemblement et la méfiance des colons, les esclaves créent un mouvement contestataire. Certains réussissent à s'enfuir et à gagner les montagnes, des zones inaccessibles aux maîtres – c'est le "marronnage". Les "marrons" – mot issu du terme hispano-américain *cimarron* – sont donc des esclaves en fuite. Ils se regroupent dans des camps sous la direction de chefs – ils sont aussi des prêtres vodou –, qui appellent à la lutte et à la rébellion. Ce vent de révolte contre les colons français gagne un nombre croissant d'esclaves et certains Haïtiens libres.
En 1791, au cours d'une cérémonie vodou, la cérémonie du Bois-Caïman, Boukman, un prêtre vodou, lance le signal de l'insurrection. C'est le début d'une guerre de libération qui durera douze ans. En 1804, l'indépendance est proclamée, et le pays reprend son nom indien : Haïti.

Souvenance est un centre historique vodou créé par les esclaves marrons au XVIIe siècle. Lors de cérémonies vodou, les serviteurs, au fur et à mesure qu'ils entrent en possession, se jettent tout habillés dans la rivière, au pied d'un arbre qui abrite l'iwa Dambala Wedo, un esprit qui accorde sa protection à ses serviteurs.
Photographie : David Damoison

Mais l'indépendance d'Haïti ne s'accompagne pas d'une reconnaissance officielle du vodou. L'Église catholique poursuit sa traque, soutenue par les différents chefs d'État, qui craignent que le vodou ne nuise à l'unification du pays. Au XXe siècle, le vodou, toujours associé par les Occidentaux à une vision primitive de l'Afrique, doit lutter pour être reconnu. Ce n'est qu'en 1987 que le culte vodou peut enfin être pratiqué librement, sans aucune autorisation.

Le culte vodou

Le vodou – issu d'un mot de la langue fon du Bénin signifiant "esprit", "puissance invisible" – est une conception du monde selon laquelle l'homme, la nature et les puissances invisibles sont intimement liés. C'est un système qui organise les rapports des individus entre eux, ainsi qu'avec les ancêtres et les forces de l'univers. Le vodou est centré autour de quatre puissances : les ancêtres, les morts, les jumeaux et les esprits, appelés *iwa*. Les *iwa* sont répartis en plusieurs familles, dont les deux principales sont les *Rada*, les esprits bienveillants, et les *Petro*, les esprits agressifs.

Les adeptes du vodou, les vodouisants, croient en un être suprême, qui correspond au Dieu chrétien et dont le nom créole est Papa bondié. Mais, à la différence de Dieu, Papa bondié n'intervient pas dans les affaires humaines, il délègue ses pouvoirs aux *iwa*. Entre Papa bondié et les *iwa*, un esprit nommé Legba ouvre la barrière entre le monde des hommes et le monde invisible.

Les *iwa* régissent la vie des hommes par l'intermédiaire des *houngan*, les prêtres, et des *mambo*, les prêtresses, qui sont aussi des guérisseurs. Le vodou est fondé sur l'idée de complémentarité, d'échange réciproque entre le monde invisible, spirituel, et le monde matériel, celui des hommes. Toute prière aux divinités exige donc une contrepartie de la part du fidèle, sous la forme de nourriture ou d'un sacrifice animal. Le *manje iwa* est une cérémonie au cours de laquelle on offre aux *iwa* des animaux et leurs plats favoris. Bien nourris, soignés, les *iwa*, recon-

Lors d'un *service-iwa*, on honore les *iwa* par des chants et des danses, mais aussi des gâteaux, des fruits ou du rhum, afin qu'ils accordent leurs faveurs aux serviteurs.

naissants, apportent richesse et réussite aux fidèles. Mais lorsque le pacte entre les deux mondes est brisé, les *iwa* peuvent se révéler nuisibles et provoquer la maladie ou la mort. C'est alors au fidèle de réparer sa faute.

Lors des nombreuses cérémonies qui honorent les *iwa*, les fidèles – qu'on nomme les "serviteurs" – se retrouvent dans un temple, l'*ounfo*, et dansent au rythme des tambours, autour d'un poteau central, le *poto mitan*. Décoré de bandes multicolores, le *poto mitan* est considéré comme le centre des danses, le chemin qu'empruntent les esprits. L'apparition d'un *iwa* au cours d'une cérémonie est un honneur, une récompense. L'*iwa* prend possession du corps de son serviteur : c'est la transe. La transe, terme issu du mot anglais *trance*, désigne un état d'agitation, d'exaltation. Parmi les pratiques vodou, nombreuses sont celles d'origine catholique. Ainsi, les *iwa* s'identifient presque toujours aux saints de l'Église catholique. Ougou, le dieu du fer, est associé à Jacques, le disciple du Christ, et chaque année, le 25 juillet, à la Saint-Jacques, est organisé un pèlerinage en son honneur. Le 2 novembre, journée consacrée à la mémoire des morts chez les catholiques, correspond aussi chez les vodouisants à un culte en l'honneur des morts, les *Gede*, qui relient les vivants au monde des invisibles.

Le vodou, aujourd'hui fièrement revendiqué par le peuple haïtien, est à la source de son art. L'écrivain haïtien Jean-Price Mars le clamait : "Nous n'avons pas à rougir de l'Afrique, parce que ce continent a connu une époque de haute civilisation. Au contraire, soyons fiers d'être nègres. Parce que nous existons en tant que peuple, nous devons avoir une culture propre. Développons-la, mettons-la en valeur."

DE LA TOLÉRANCE RELIGIEUSE
À LA LAÏCITÉ

En France, il nous semble naturel que les représentants de l'État soient neutres à l'égard des différentes confessions et que les citoyens, qu'ils soient croyants ou non, soient égaux devant la loi. De même, il nous semblerait étrange que les représentants d'une religion interviennent dans les décisions politiques. "L'Église chez elle et l'État chez lui !" clamait déjà Victor Hugo. Pourtant, la séparation de ces deux domaines, la neutralité de l'État face aux religions, n'a pas toujours existé en France. Il a fallu des siècles de luttes pour que la tolérance s'impose et que l'État accepte l'idée de se passer d'un Dieu pour gouverner.

"Un roi, une foi, une loi"

Au Moyen Âge, bien que distinctes, l'Église chrétienne et la royauté ne sont pas séparées. Le roi reçoit son pouvoir de Dieu lors du sacre à Reims et s'engage à défendre l'Église et la foi. L'Église, très puissante, a en charge l'éducation des "laïcs" – les individus qui n'appartiennent pas au clergé. Dans une monarchie qui a pour devise "Un roi, une foi, une loi", ceux qui suivent une autre religion – comme les juifs – sont perçus comme de mauvais sujets, et leur religion n'est pas reconnue.
Au XVIe siècle, au cœur des conflits entre catholiques et protestants, une idée nouvelle est pourtant défendue par certains : la tolérance. Parmi eux, le chancelier Michel de L'Hospital met tout en œuvre pour parvenir à une "concorde" entre catholiques et protestants et perçoit déjà la nécessité de distinguer le citoyen de sa religion : "Même l'excommunié [celui qui a été exclu de l'Église catholique] ne cesse pas d'être citoyen." Mais sa politique de concorde civile ne parvient pas à s'imposer.

En 1598, après des luttes sanglantes, l'édit de Nantes garantit aux protestants la liberté de conscience et, dans certaines villes, de culte. Les protestants sont considérés comme des Français à part entière et peuvent accéder à toutes les professions et écoles, ce qui est unique en Europe à cette époque. Le compromis, fragile, ne durera pas : en 1685, sous Louis XIV, l'édit est révoqué, et les protestants subissent de graves persécutions au XVIIIe siècle, à une époque où la tolérance progresse pourtant dans de nombreux pays d'Europe. En France, les philosophes dénoncent le "fanatisme religieux" et s'élèvent contre l'emprise de l'Église catholique sur les esprits.

Révolution française et laïcité

En affirmant l'idée d'un pouvoir issu de la volonté du peuple et la nécessité de respecter toutes les croyances, la Révolution française marque une évolution importante. Certes, il n'est pas encore question de remettre en cause la croyance en un Être suprême – car, pour la majorité des Français, il demeure indispensable au bon ordre de la société que le peuple croie en Dieu. Cependant, certaines mesures durables amorcent indéniablement la séparation entre l'Église et l'État.

En 1789, la *Déclaration des droits de l'homme* reconnaît pour la première fois officiellement, quoique timidement, la liberté religieuse, excluant que l'individu puisse "être inquiété pour ses opinions, même religieuses". La liberté de culte est accordée aux minorités – protestants et juifs –, le mariage civil et le divorce sont admis. L'Assemblée législative retire au clergé la tenue des registres d'état civil , qui recensent tous les citoyens : ce n'est désormais plus le baptême qui marque le début légal de l'existence, mais la déclaration de naissance.
Paradoxalement, malgré ces mesures de laïcisation, la Révolution n'envisage pas de se passer de l'Église catholique. Elle cherche au contraire à la réorganiser. En 1790, par une loi, la Constitution civile du clergé, l'État entreprend de faire du catholicisme une "religion nationale" : les membres du clergé deviennent fonctionnaires de l'État et ses biens lui appartiennent. Cette situation conduit certains prêtres catholiques à résister contre cette "Église nationale", tandis que des cultes révolutionnaires de la déesse Raison et de l'Être suprême tentent de s'imposer par la force. L'égalité des religions a commencé en France par une égalité dans la répression.

Les symboles religieux, comme les crucifix, ont été progressivement retirés des classes au fur et à mesure que les parents d'élèves se sont rendu compte de leur incompatibilité avec la neutralité religieuse de l'école publique.
Cette gravure représente le préfet de Paris qui fait ôter un crucifix dans une école publique.
À l'époque de Ferry, trente mille frères et quinze mille religieuses enseignent dans les écoles publiques.
Gerlier, in *La presse illustrée*, 20 février 1881.

L'enjeu de l'école au XIXe siècle

Cette première amorce de laïcisation se poursuit au XIXe siècle. En 1801, un accord signé entre le pape et Bonaparte met en place un système de "cultes reconnus" : les cultes catholique, protestant et israélite. Le catholicisme, s'il est bien la religion de la majorité des Français, perd son statut de religion d'État, même si l'Église parviendra à le retrouver provisoirement sous la Restauration (1815-1830).
À cette époque, le catholicisme, auquel est confiée une tâche morale et sociale, reste au cœur de la société. On assiste alors à une lutte intense entre "deux France" : d'un côté, une France laïque, républicaine, anticléricale, qui se réfère aux principes posés par la Révolution et souhaite s'affranchir totalement de l'Église catholique, y compris dans son rôle moral et éducatif ; de l'autre, une France catholique, monarchiste, qui tente de consolider ses pouvoirs et craint un retour des persécutions révolutionnaires.

Dans les années 1830, l'État commence à organiser l'éducation publique, en mettant en place une formation pour les maîtres d'école. Mais les communautés religieuses – les congrégations – restent très présentes, non seulement dans les écoles dites "libres" – fondées par des particuliers ou des associations –, mais aussi dans les écoles publiques. Et certaines lois, comme la loi Falloux de 1850, favorisent l'enseignement religieux en inscrivant, par exemple, l'instruction catholique au programme de toutes les écoles. Pour les partisans de la laïcité, comme Gambetta, il est temps de développer une instruction publique affranchie de la religion : "Il faut refouler l'ennemi, le cléricalisme, et amener le laïc, le citoyen, le savant, le Français dans nos établissements d'instruction, lui élever des écoles, créer des professeurs, des maîtres."

C'est dans les années 1880 qu'a lieu la véritable rupture. Jules Ferry, ministre de l'Instruction publique, déclare : "Depuis quatre-vingts ans, deux systèmes sont en présence ; ils se sont partagé les esprits et ont entretenu au cœur de la société un antagonisme, une lutte acharnée […] il faut effacer cette contradiction […] et il n'y a qu'un moyen, c'est de se

désintéresser dans l'éducation publique, d'une façon impartiale, de toutes les doctrines [...] c'est de réaliser la séparation de ces deux mondes, le monde civil et le monde religieux."
L'enseignement privé ou "libre" n'est pas remis en cause, mais l'école publique est déclarée laïque, et l'instruction obligatoire. Au sein des écoles laïques, l'instruction religieuse est supprimée des programmes et les enseignants religieux sont remplacés par un personnel laïque.
En 1905, la laïcisation est étendue à l'État dans son ensemble. La loi de séparation des Églises et de l'État fait de la France une république laïque. Elle affirme le respect de la liberté de conscience et de culte, supprime le système des "cultes reconnus". Ils deviennent tous libres et égaux en droits. Les édifices religieux, propriété de l'État, sont mis gratuitement à la disposition des Églises. La République ne subventionne plus aucun culte. Désormais, la religion est, d'un point de vue juridique, une affaire privée, qui peut se manifester librement à condition de ne pas troubler l'ordre public.
Peu à peu, malgré les réticences de certains catholiques, la laïcité a contribué à pacifier les "deux France". Aujourd'hui, seules l'Alsace et la Moselle, qui étaient sous l'administration de l'Allemagne lorsque furent votées ces mesures, conservent encore le système des "cultes reconnus".

La paix des dieux

La laïcité s'est instaurée en France sur le mode du conflit. Devant la menace que représentait le catholicisme, certains représentants de l'école laïque ont parfois minimisé la question religieuse, la cantonnant au cercle familial. Le premier critère de la laïcité était même, pour certains, le silence et l'ignorance volontaire du religieux.
Aujourd'hui, en France, de nombreuses religions cohabitent, issues de différentes cultures, et l'école peut être un moyen de les découvrir ou de mieux les comprendre. Longtemps considérée comme le principal ennemi de la religion, la laïcité, qui permet le dialogue et garantit la liberté de vivre ensemble, ne serait-elle pas plutôt son alliée ?

CONCLUSION

Ce tour d'horizon des religions exprime la diversité des croyances et des pratiques qui coexistent, dans le monde entier, mais aussi autour de nous, dans la société. Aujourd'hui, en France, chaque religion peut s'exprimer et se pratiquer librement, dans le respect des règles de la vie en commun. Pourtant, il n'est pas toujours facile de comprendre les croyances et les cultures qui nous sont étrangères.
Quelques hommes, de toutes confessions confondues, ont toujours lutté contre l'ignorance et favorisé le dialogue entre les religions. Selon la légende, le roi Asoka, converti au bouddhisme au IIIe siècle avant notre ère, invitait déjà à la tolérance religieuse : "On ne devrait pas seulement honorer sa propre religion et condamner les religions des autres, mais on devrait honorer les religions des autres pour telle ou telle raison. [...] la concorde est bonne : que tous écoutent les doctrines des autres religions." Plus tard, au XVe siècle, à une époque où de nombreux conflits opposaient chrétiens, musulmans et juifs, le philosophe chrétien Nicolas de Cues appellait lui aussi, au-delà des différences et des traditions, à l'unité : "Tu [Dieu] es celui qu'on cherche par différents chemins et différents rites et qu'on nomme de noms divers, car, par essence, tu demeures inconnu à tous."